Paul Gisi

Arietis

Hummelwelsaugen im Ozean der Nacht

Liebesgedichte / Assoziationen /
Wahrnehmungen

Bibliographische Information der Deutschen National-
bibliothek: Die Deutsche Nationalbibliothek verzeichnet
diese Publikation in der deutschen Nationalbibliogra-
phie, detaillierte bibliographische Daten sind im Internet
über http://dnb.dnb.de abrufbar.

© 2025 Autor: Paul Gisi, op. 146
Umschlagbild Ludwig Weibel
Verlag: BoD · Books on Demand GmbH,
Überseering 33, 22297 Hamburg, bod@bod.de
Druck: Libri Plureos GmbH, Friedensallee 273,
22763 Hamburg
ISBN: 978-3-8192-1107-2

Paul Gisi

Arietis

Hummelwelsaugen im Ozean der Nacht

Liebesgedichte / Assoziationen /
Wahrnehmungen

Inhalt

I

Komm zu mir
vielleicht singen wir

Nocturnes
Liebesgedichte

Milchstrassen
wie Notenlinien
für ein neues Lied
– ich wage es
Welten
in deine Ohrmuschel
zu flüstern

Klangtropfen
– sehr fern

♫

Ich lache mit dir
Wiesenschaumkraut
bete dich Kratzdistel an

– dem Vogel
winke ich zu

♫

Der Mond
ein Fischauge
– komm zu mir
vielleicht singen wir

♫

Regen tanzt
in deinen Augen –

mit dir
die Nautik
lernen
– bereit sein
für die grosse Fahrt

♫

Nacht verfängt sich
im Spinnengeweb

– in dir orgelt Unbekanntes

ein Globus
liegt im Steinbruch
der Zeit

amorpher Geist
tropft ins Nichts

♫

Im Schatten
eines Weidewegerichblatts
ruht sich das Universum aus
– ein Graureiher
irrt durch die Dunkelheit

komm zu mir
vielleicht singen wir

♫

Wind cimbelt über den See
Alya lacht
– der Nacktbarsch
tanzt

♫

Du trägst sie
die Welt
in deiner Hand –
    atmest einmal noch
VERGÄNGLICHKEIT

– submarines Geflüster
unter der Haut
    vanitas vanitatum *

(* vanitas vanitatum: lateinisch, Eitelkeit der Eitelkeiten)

♫

In Nachtwurzeln
umschlingen sich
Flügelginster
Korallenflechten
Galaxien
in deiner Hand
Auge in Auge
mit dem Weidensperling

♫

Luftwurzeln –
flirrend die Augen

Schöpfung
blitzt auf
in der Begegnung mit dir

♫

SILBERTAU –
     Kristalltropfen
im Bewusstsein
          im Zwischenzustand
von Leben und Tod

ich küsse dich

♫

Ich fühle sie die Nacht
     auf meinen Lippen
– die bedrohlichen Schlingpflanzen
        wir entdecken uns
in den Zerklüftungen der Angst
den fernen Buchten der Liebe
den sich ergänzenden Gegensätzen
in der Schlaflosigkeit des Steins
     im Puls des Daseins
IM LETZTEN KUSS

♫

Zwei bauchige Weingläser
auf dem Schiefertischchen
    – glasfaserige Angst

die Nachtstunden
eilen vorbei

eine Zitterpappel weint

♫

Schmerz wie ein
verwelkendes Blatt
    – umarmt vom Wind

in den Undurchschaubarkeiten
Wein trinken
mit dem Echolot
dich auffinden
auf die unermesslichen Tiefen hin

♫

Der Atem flammt auf

ich lernte
den Anfang kennen

ein nackter Stern glüht
in der letzten Verdunkelung

♫

Silber des Himmels –
irrer Lichtblitz

Wellen
schlängeln sich
in deine Körperbuchten

BRENNENDE ZUNGEN
IN NACHTHÖHLEN
in den Lustbarkeiten des Zerfalls

♫

Verdunkelungen Erhellungen
wechselnd vorüberziehend –

sich öffnen für alles
Bewusstseinsschichten durchdringen –
Leuchtende Seefedern anbeten

Regentropfen zählen
Wimpernschläge

– der Dichter hat viel zu tun

♫

FEUERSTÜRZE –

unsre Zungen
löschen nichts

hinundherwellend
von Mund zu Mund
das irrende Wort

nachtrissig verloren alles

♫

Irrezugehen führt
zu einer Wahrheit –

      liebeslustumschlungen
im Blumenmeer

DUNKLE NACHT
          geheimnisflüsternd
in einer Muschel

ein Ton in deiner Hand

*(In grosser Freiheit aus dem mystischen Geist
von Johannes vom Kreuz geschrieben)*

♫

Ein unbekannter Stern singt
in der Pfirsichblättrigen Glockenblume
– es ist Märchenzeit der Schöpfung

dort in der Ferne
in dir
lächelt Schönheit

– ein Kuss des Seins
das Lied des Singvogels

♫

Ich habe dich
singen hören
in den Zungenblüten
des Wiesenbocksbarts

dein nackter Körper
ein Himmelsglobus

Wind streift
zärtlich sanft darüber

♫

Das Gesicht der Wandlungen
in der Windrose –
Seedrachen Feuerquallen
vor uns

    Lichtfinger
    auf den Körpern

in uns Gott –

♫

Wind trillert in der Birke –
in den Schatten
des Bewusstseins
fallen Träume FEUERZUNGEN
Geistererscheinungen

weite Räume öffnen sich
in dir

♫

Der gerippte Säulenkaktus
entfaltet seine Blüten
nachts für dich

seid bei mir willkommen
Violen
Triolen
Galaxienranken

wir trinken Wein
umarmen uns

♫

Ein Flüstern des Seins
das Efeublatt
die Eidechse
unterm Weidenblatt

hodenrund das Weltall

wach werden
in neuen Zusammenhängen

♫

Wir tanzen miteinander

glänzende Espenblätter
im Wind
der uns liebt

umschlungen
in kristalliner Klarheit

ein Türkishäherschatten
huscht vorüber

♫

Als wäre er eine Orgel
bespielt der Rote Fingerhut
Nacht –

Quasare tanzen mit Molchen
lustfeuerineins

♫

Versunken in den Duft
         des Moosauges
in den Klang
         der Glockenblume

16

begegnen wir uns

halte die Emanationen
des Geistes
nicht für die Wahrheit

Furcht und Hoffnung
geschehen
in der Imagination

DIE LAMPE DES LEEREN ALLS
LEUCHTET VISIONÄR
IN DEINEN AUGEN

♫

Wilde Beeren
sammeln
im Wald
der interstellaren Wolken

aquatisch leben
singen
in der Hochmoorfauna

♫

Arietis
vagabundiert
durch deine Augen

im Drachenbaum
glüht *Cepheus*

die Mittelpunkte funkeln

♫

Punkt um Punkt
Wissen verlieren

schattengefleckt
die Träume

SICH ERINNERN
AN DIE VOLLEN STUNDEN

♫

Kontinentverschiebungen –
der Planet zieht
mit dem Vogelschatten
INS UNERMESSLICHE

ein warmer Atem
sonnenverliebt
weht über allem

♫

Im Glissando der Lust
tanzen –
Fingerbeeren küssen
die Sonne in die Pfeife stopfen

Liebe aller Art zusammenführen

     wohin
fliegst du
kleine Schwalbe?
SUCHST DU GESANG?

♪

Ein alter Mann
sitzt allein
am Ufer des grossen Sees
     raucht Pfeife
denkt

     die Zeit des Erkennens
     beginnt

♪

Vielleicht singt
der Blattfusskrebs
in Wassertümpeln

vielleicht singt *Centauri*
von Spiralgalaxien

     VIELLEICHT KOMMST DU
UND DANN SCHWEIGEN WIR

II

Arietis

Hummelwelsaugen im Ozean der Nacht

Assoziationen

Für Sirius

Arietis ist ein roter Riese im Sternbild Widder.

Aus Hunderten Milliarden Sternen der Milchstrasse wurde mir Arietis der schönste und geliebteste Stern.

Auf der geistigen und sinnlichen Seelenwanderung zu Arietis entdeckte ich den jungen Sirius und die Hummelwelsaugen im Ozean der Nacht.

Versunken in Liebeslust des Seins

Zwei Wolken oder drei in deiner Hand die Tage öffnen sich lichthin oder schwarzbeerennah SON-NENBLIND *windtaub* wo noch niemand war beginn ruhig das Nichts auszuzählen atemstockend in den Berberitzengewächsen *Dort oben die Augen von Arietis* wo auf dem Achtermast das Universum tanzt in der Pupille babylonischer Zeiten / in der Umarmung des Holozäns mit dem Pleistozän sich küssen augenblicktaumelnd der Schlangenkopffisch verstehts / da dürfen wir in tausend Wörtern hier und jetzt das Schweigen einüben

•

Ein paar Schritte mit dir gehen in den Verschattungen TROLLBLUMENBERAUSCHT / sich in Lichtjahrentfernungen nähern in den Minutenhöhlen der Jahrtausende / sich vor einem Schwarzäugigen Brillenvogel verneigen / mit dem Schellentamburin über Milchstrassen bummeln und wenn dir jemand eine *Wahrheit* aufschwatzen will lachen und fortgehen die Freiheit ist grenzenlos / ich will ein paar Schritte mit dir gehen Lichtjahre überspringen

•

In Traumschlingpflanzen der Lust LEBEN ANBE-TEN Châteauneuf-du-Pape trinken ich habe vergessen wo Demokrit wohnt macht nichts ich ziehe mit dem Wind in unbekannte Gegenden / der Mensch ist eine Schattenschwebfliege fassungslos ist zu sagen man muss nur die Augen öffnen / Pfeife

rauchen und über den Menschen nachdenken ist
überall möglich / *fingerblitzend körperwärts*

●

Bleiben wir wesentlich in den LIEBESLUSTUM-
SCHLUNGENHEITEN beachten die Kapriolen
des Nichts nicht / im Feuerofen singen / als Libelle
zwischen Endlichkeit und Unendlichkeit umher-
räubern denke ich wenn ich deinen Arm sehe deine
Finger deine Augenbrauen was für Schönheitsdi-
mensionen SONNENZUNGEN Rote Nachtnelken
Brandpilze in den Blutbahnen alles singt / sei still
und höre der Schöpfung zu

●

Übers Delta deines Atems ziehen grosse seltsame
Vögel von fernen Träumen herkommend LIEBES-
LUSTVEREINIGUNG im Sonnentanz / Schat-
tendämonen / in der Lust der Gegensätze fliessend
ineinanderströmend mit dir *Meer* sein aquatisch
sich umarmen ich wollte sagen *à quatre mains* kör-
pergegenübernackt sich finden OSMOSE / Geist
über den Wassern / *komm wir beten uns an*

●

Vertauschbar bleiben in den Wellen der Zuneigun-
gen und Abneigungen silbersträhnig TÄUSCHUN-
GEN windmächtig / Orgelsinfonie der Äonen /
lachen wenn Menschenwerk zerfällt

24

•

Vergessen mit dir teilen in der Nachtglut in flammenzüngelnden Winden Schwarze Teleskopschleierschwänze meditieren kontemplativ wie alte Mönche in Kapellenruinen in verbrannten Wäldern die Fischgespenster versuchen vergeblich sich zu erinnern an frühern Jubel VERMOOSUNG in den Felsenzerklüftungen des abhandengekommenen Gedächtnisses / Schweigen wuchert in halbzerfallenen Mauerresten / kein Atem in den Gesteinen nur dunkle Angst mundlos mit aufgerissnen Augen

•

Alamak tanzt mit Cassiopeia ausgelassen durch die Sternbilder in deinem Herzen wir wollen das *gross* und *weit* sehen in den Abgründen und Aufschwüngen des Unerklärbaren in den Windströmen der Nacht IM FASSUNGSLOSEN / die Goldtaubnessel küssen harmonienumarmt *singen* über deine Lippen segeln / in der Windstille im Auge eines tropischen Wirbelsturms in dir Gott suchen vielleicht ist er dort versteckt sich dort / AUF ALLES GEFASST SEIN

•

Zu den Wurzeln vordringen das All im Auge SCHLINGPFLANZENLUST im Wasserspiel des Wissens / Nähe mit Ferne durchmischen nichts *messen* einfach Ja sagen / Gelbe Krötenfische die

Geflügelte Braunwurz planetarischen Nebel anbeten SCHÖNHEITSLUST DES SEINS die Sphärenmusik hören *lieben* / hinter der Täuschung eine weitere Täuschung *sehen* bis in alle Unendlichkeit / mit einem Blattkäfer forttaumeln bis in die letzte Nacht

•

Roten Mohn küssen im Tulpenkelch *Alderamin* umarmen mit einem Langohrseidenäffchen die Friedenspfeife rauchen / wo ist die Weisheit der Indianer geblieben? / SICH VOR DER SCHÖPFUNG VERNEIGEN tanzen tanzen im Lichtstaub der Illusionen *lachen* die Lage ist rührend ernst denkt der Querzahnmolch / in allen Verschattungen sich lieben

•

Das Selbst und das sich erweiternde Bewusstsein entfalten in den Einheiten der Widersprüche träumen / zwischen Aussen und Innen nicht mehr unterscheiden ERWACHEN AUF VEREHRUNGEN HIN / miteinander *sanft* und *leise* sein

•

Amphibische Wesen schleichen durch die Nacht hinter dem Bewusstsein / hörst du den Ruf der Jahrmilliarden? / gut dass es dich gibt zungenblühendes

Gänseblümchen meine Geliebte / ich habe licht-jahrelang Zeit um *Arietis* zu finden sagt der Dra-chenfisch / o diese Augenblicke die dauern wollen in der Lust / ein Regentropfen ruht sich aus auf dei-ner Wange oder ists eine Träne? / in deiner Hand ist die Milchstrasse ein Geigenbogen *Wohllaut* wellt silberzart in der Umarmung / KUSSINKUSS

•

Mir ist der Gesang des Indigofinks betörender Li-kör zimtsüss kehlenheiss Bruder Mond Schwester Sonne in den Armen *Augenbrand* Ohrmuschellust LOBGESANG DES ALLS Kometen rasen licht-verzückt in den Arpeggien der Spitzblättrigen Malve blütenhellrot pochend TANZEND im Stern-bild *Kranich* dein Atem wellt im Nachttraum strömt von weit her kommend über fremde Buchten MUNDFLUT ANBETEND

•

Weintrauben grüssen Sterndolden sie erkennen sich rauschbereit der Weg zwischen uns ist nicht lang nicht kurz wir wissen nichts wagen aber alles auf die unbekannte Mitte hin ins WELTENVER-SCHIEBENDE versunken in Liebeslust des Seins / der Doktorfisch schwimmt *ratlos* ins Nichts

•

Dein Name *Arietis* ein Mythos des Universums
schönheitstrunken Sehnsuchtsmetapher / nichts
wird mich aufhalten zu dir zu kommen ich finde
dich wo du auch gerade bist

•

Feingesponnene Psychogramme als Mandala lesen
im Irrgarten der Täuschungen und Eitelkeiten auf-
atmen in der verborgenen Lebenskraft hinter den
gleissenden Wirrnissen der Illusionen *fingerblit-
zend* über Unterschiede lachen im Einklang bleiben
von Geist mit den Sinnen in deiner Hand *Entspre-
chungen* instrumentieren und dann lange lange
schweigen

•

Milchstrassen wie Pflanzenfasern einsdurchsan-
dere lebend SCHÖNHEITSIRR wenn Geist und
Eros wildumschlungen tanzen und danach sich in
die letzte Freiheit aufmachen / singen / ZU DIR
HIN / niederfallen in den Himmel in die Zeitlosig-
keit des ewigen Echos von nirgendwo / verzaubert
bleiben / die Enzephalitis nicht beachten zu denken
gibts eh nicht viel / *küssen wir uns*

•

Leben das strömt in Wellen davoneilt *leben* den
Kopf aus kosmischen Staubwirbeln ziehen / von
Flauberts Pavillon in Croisset auf die Seine blicken

/ zugvogelschwarz der Himmel wenn Sehnsüchte
Schatten werfen zaubrische Träume hinter dem
Horizont versinken SEGELFISCH SEIN dich im
Maulbeerbaumrauschen lieben / *Versunkenheit in*
den Inkaruinen Machu Picchu

•

Die Ursprungsgeschichte des Zufalls studieren in
den Labyrinthen / raspelzüngige Mollusken treffen
sich zum philosophischen Symposium will sagen
zum gegenseitigen Sichbetrinken Weisheit in allen
Formen muss sein / was *denkbar* ist wird uns ver-
nichten / Diskurse eröffnen *Wortwechselwettstreit*
zwischen Pfauenlippfischen und wenns ernst wird
lachen in den Lichtfingerblitzen über *Wega in der*
Leier Quantentheorien Yukkamotten stolpern /
nicht vergessen dass die Schöpfungstage längst
nicht ausgezählt sind wahnirre Menschenlust in
Gottes Hand derweilen ziehen Milliarden Sonnen
ungerührt ihre Bahn irgendwo in ferner Verloren-
heit vielleicht auch eine einzige Sonne auf die es
ankommt in dir

•

Als wärs ein wildes Schlagen des Pulses des
Sumpfherzblatts oder ein Raunen aus einem Rau-
pennest in einer abgeblätterten Nachtstunde verur-
sacht von den falben Unwägbarkeiten des Seins in
den Fibrillen der sich auflösenden Körper // COR-
NETTO / weit zu hören ist der Untergang / mach

dir nichts draus / dort oben bei Arietis bist du beim Tannenzapfenfisch liebend willkommen

•

Ein *Marabu* das Nachtliebeswort im Wind ein heiliger Einsiedler im Flüstern des *Drachen* zwischen *Kleinem* und *Grossem Bären* die Waldhyanzinthe verstehts / und du? /

•

Maritim ein *Seewesen* deine Zunge eine Alge / Sterne wie Pupillen Plankton der Erleuchtung ERBARMEN BIS INS UNENDLICHE hoffnungswellend in den Visionen des Schlamms und der Götter im Lidschlag der Schöpfung / *anbetend* / im Lebensbaum sich mit Vögeln einnisten MAJA KÜSSEN Himmelskugeln auf deinen Fingerspitzen jonglieren nirgends sich sicher fühlen Lust entfachen Hände über Fermaten schweben lassen / sich selbst sein in der Vereinigung mit allem

•

Ich PFLÜCKE dir Planeten Kometen Sonnen Galaxien oder was sonst noch vorbeisaust wir wollen es festlich illuminiert haben in den Schluchten der Nacht wir wollen es wissen wohin wir uns hinlegen umarmen können ohne beim zweiten oder dritten Atemstoss in einen Abgrund zu stürzen ich SAMMLE Moose Flechten Sternhaufen für unser

Liebeslager DICHTE Elegien Balladen Schauspiele Figurengedichte KOMPONIERE Nocturnes Lieder Klarinettenscherzos MALE wild drauflos in grossen Zusammenhängen und blumigen Unwahrscheinlickeiten / I C H   W I L L   D I C H

•

In den Muscheln des Vergessens dein Lächeln finden deine Lippen DEIN SCHWEIGEN mit dir *Unermessliches* erleben in den Samen der Wunderwesen in den Windwellen über der Tangwiese der Lust in deiner Hand im flüchtigen Schatten des Haubenschwarzspechts / mit dem Tritonshorn träumen / in Nachttriolen nackt sein

•

Mit Smaragdeidechsen der Roten Pestwurz *Ras Algethi* im Sternbild Herkules deiner Brustknospen SINGEN in den Augen von Arietis / SONNENKUSS / wenn du kommst Wein trinken rauchen lachen tanzen körperumkörpert SINGEN

•

Der Quarzit fest feinkörnig strukturiert verliebt sich in eine lachsfarbene Eukalyptusblüte in filigrane Staubfäden taubenblaue Blätter TRANSPARENZ DER TOKKATA *träumende Harmonien* selbst der Singvogel verstummt und hört selig zu

Melodien hinundherwellend in der Durchsichtig-
keit des Erkennens Wind verfängt sich im Gespinst
der Sterne hoch oben tief in dir libellenartig in der
Existenzweise der gaukelverspielten Vollendung in
klarer Meditation / WIR BLEIBEN IN RUF-
WEITE

•

Wie *Fichtenzapfenzünsler** in den Nadelwäldern
der Träume Flugzeit der Liebe küssen wir uns heiss
begierig Dunkelwolken missachtend TANZIM-
TANZ ein Lächeln im Aufwind mit dir auf Noten-
linien ins All balancieren dort sich finden IN UNS
/ in der Ohrmuschel wellen spiralen Zungen fremde
Worte Uferlosigkeiten eine Immanenzphilosophie
entflammt

(* Der *Fichtenzapfenzünsler* ist ein Schmetterling)

•

Sinfonische Schauerniederschläge an den Rändern
des Daseins inmitten des Unbekannten beim Be-
trachten der grossen dottergelben Kelchblätter mei-
ner Sumpflieblingsblume in den Auwäldern der
Lust / Niegesagtes in kosmischen Zusammenhän-
gen instrumentieren als ob das möglich wäre
möchte ich andeuten derweilen keine Hindernisse
akzeptieren aufstehen fortgehen in allen Himmels-
richtungen in der Gleichzeitigkeit der umschlunge-
nen Gegensätze und wenn alles zu schwierig wird
lachen die Leichtigkeit des Seins erhaschen eine

Weinflasche entkorken und denken dass kein Den-
ken hilft

●

Sich ins Unabänderliche zu fügen überlasse ich den
Steinen den Sedimenten Verkalkungen auf dem
dunklen Meeresboden ich verändere mich pausen-
los wolkengleich windamorph bin bald ein Glo-
ckenreiher bald ein Wiesenschaumkraut ein Samm-
ler der Beerensüsse hineinwachsen auf die Unend-
lichkeit hin zu Galaxien mutieren / umherirren in
den Prärien des Geistes im Moosgeflecht der Liebe
sich küssen mit *Wei Chuang* am Uferdamm des
Pai-t`ung sitzen / VERÄNDERBAR BLEIBEN

●

Mit *Sirius* Traummeere befahren hinter dem bren-
nenden Augenlid NACHTSTÜRZE / hörst du den-
noch das trunkene Lied der Chrysantheme das Wei-
nen des Frühlingshungerblümchens? / UMARME
STILLE tritt auf keinen Schatten *belippe den nack-
ten Körper* bedenke dieser Augenblick ist alles was
du hast mit *Sirius lachen* sich ausziehen frei wer-
den fürs Grenzenlose sich küssen in den Zeitlos-
strömen UNERMESSLICHES BEFAHREN in
brennenden Nachtabgründen / deine Augen *Sirius*
sind Sonnen dein Atem Ewigkeit

●

33

Die Abendsonne setzt sich ins Herz einer Schatten-
blume ein Nachtfalter irrt in die Unermesslichkeit
des Weltalls / *o Wimpern der Schönheit!* / zungen-
babylonisches Raunen im aufkommenden Wind
wir gehen handinhand aufs Delta der Lust FRAG-
LOSIGKEIT / verneige dich vor dem kleinen Käfer
er hat Grosses vor auf dem Weg zum *Haar der Be-
renike* ziehen wir mit Musikantengruppen durch
Gassen und Ruinen PASSACAGLIA tanzen wir
mit Äonen und Wendehalsfröschen in den letzten
Gezeiten entziffern die Sprache der Bäume / in dei-
ner Achselhöhle träumt eine Schleiereule vom
Kreislauf der Existenzen vom Wesenskern von was
auch immer / am Horizont zeichnet sich Vollen-
dung ab

•

FLAMMENGESÄNGE / verwundert umhersehen
umherhören nichts Schöneres als im Nebel sich mit
dir zu verirren ANBETUNG Melissengeist auf den
Lippen in den Augen Durchsichtigkeiten der Ferne
alles so nah in den Fibrillen in uns zwischen uns
wir unterscheiden da nicht flutundebbeeins die
Amöbe verdunkelt die Sonne / ich liebkose dich
wie ein Zephir

•

In kosmischen Konstellationen Gesamtzusammen-
hänge der Eidechse des Seeigels *sehen* mit dem
Vogelschwung der Lippen dem Gezeitenlächeln
umarmen küssen die Geschichte als Sturzwelle des

Nichts unbeachtet lassen dem Ruf der dunklen Gestalten keine Antwort geben nachmitternachts in der Bar Whisky trinken und philosophisch die Stirn runzeln souverän den Weltuntergang ignorieren das Lachen als Lampion an die Decke hängen und was in Auflösung begriffen ist ruhig sich auflösen lassen schliesslich fällt nichts aus dem interstellaren Rahmen bleibt alles in den Milliarden Mittelpunkten / vorsichtshalber beginne ich sie zu zählen

•

Das Seemurmeln mit den Imaginationen des Lichts den Projektionen der Sehnsucht von weit herkommend aus Wolkenaufgetürmtheiten Träume sinds in den Armen der Galaxien im Atem der Lust der Geist ruht sich aus auf den gelb gefleckten Lippen des Wiesenaugentrosts die Glockenblume singt entzückt von Gott IRRHEITEN so masslos ist alles / mich freuts

•

Ich denke mir *aussen ist innen* das Meer auf der Zunge und das Weltall im Auge des Schmetterlingsfischs man muss nur SEHEN LIEBEN / Wissen vergessen sich fallen lassen in die Unermesslichkeiten der Seele / auffliegen / die Ruhe in der trunkenen Bewegung erkennen / endlich ankommen in sich selbst dort wo alles brennt ist in den unzählbar vielen Kernen in der Verschmelzung von *aussen und innen* in den Erinnerungen der Lust

35

SONNENFLUGBAHNEN / *Sirius* umarmen Arietis umarmen / mit Hummelwelsaugen sich lange anschauen LIEBEN IM OZEAN DER NACHT // glänzend irrsilbrig RUHIG die Oberfläche über der brodelnden Tiefe UNGRUND URGRUND ÜBERGRUND ABGRUND im Nichtvergessenkönnen der Nächte der Brände FLUCHTLOS / DÄMONENKRALLEN / in den Basiliskenaugen Weltuntergang / in deinen Augen *Sirius* Weltaufgang

•

Rote Libellen über Goldruten EIN DELIRIUM DER LUST mit Marsalawein auf der Zunge *Sphärische Astronomie* deine Lippen ein Meridian dein Lächeln überspannt das Sternbild *Segel* dein Ohrläppchen eine Wassermotte wir träumen Windgeister ozelotsandgelb / mit Saitenspiel ein Psalm von David hören / umherirrendes Nichts in den Kapillaren des Weltalls / komm zu mir Spinnchen bei mir bist du in Sicherheit

•

In der Erinnerung tanzen Bäume umarmen sich singende Illusionen URSACHLOSIGKEIT von Chaos und Logos in deiner algenschlanken Hand in der gelben Trollblumenblüte in nackten Tintenfischfangarmen trillernd schillernd flimmernd in den Winden auf Wellen des Zufalls auf der Augennetzhaut *Abbilder* von Sonnen Lurchen Hexenformeln / ruhig atmet Anfangundende ein und aus in

den Jahrtausenden FATA MORGANA lichtsilber-
irr in den Vorstellungen von Wirklichkeiten / AN-
BETUNG / du komm wir entkorken eine gute Fla-
sche Wein rauchen zusammen *eine* Pfeife und
wenn die Nacht die krallige Zeit die ruhmlose sich
in einen Abgrund stürzt zünden wir eine Kerze an
umarmen uns sanft und lachen

●

ATEMSCHRITTE über die Abgründe zwischen
uns FINGERSCHRITTE über den Körper *immer*
weiterschreiten komm wir wollen LICHT-
SCHRITTE miteinander machen bevor die Dun-
kelheit uns überfällt uns einrichten hinter dem Ho-
rizont KLANGSCHRITTE des Universums im
Herzen des Bluthänflings *immer weiterschreiten*
LIEBESSCHRITTE TANZSCHRITTE einüben
immer weiterschreiten Wolkenfronten umgehen
singen anbeten

●

All diese Erscheinungen zum Tanz aufspielend in
Sternhaufen Psychosen dunkelgeaderten Schwa-
nenblumendolden im Röhricht der Seele in Man-
grovenschlammspringeraugen täusche dich nicht
die Nacht rückt näher dichotome Ansichten von
Materie und Geist sind Plankton im Ozean des Uni-
versums der Schwanzlurch tanzt vergnügt im Tang
im hellen Triangelschlag ziozulor branunüür die
Welten der Erscheinungen Ur-Gewässer Ur-Atome

als Ursprung allen Seins magisch VERBLEN-
DUNG Fiktionen der Ur-Formen / wir wissen
nichts

•

Die Menschheitsgeschichte ist eine Tragödie von
A bis Z wer hat nur dieses Alphabet erfunden? ich
möchte nicht in dieser Position sein / weiss Gott
was er angerichtet hat? / als Entomologe die
Menschheit betrachten / der Wind streift durch die
blutigen Jahrtausende und erschrickt / ein kleiner
namenloser Käfer zittert und versteckt sich unter
einem Stein

•

Milchstrassen weisswollige Staubgefässe der Meh-
ligen Königskerze an den Waldrändern des Be-
wusstseins spinnwebig behaarte Erinnerungen an
die Tage mit dir / rhapsodischer Wein auf der
Zunge / sich nähernde Verlorenheiten im aufkom-
mendem Sturm wurzelknollige Angst / was wird
geschehen?

•

Unendliche Gewitter zwischen zwei Herzschlägen
SEINSDELIRIEN / Schönheit flammt auf im Ge-
sang der Schöpfung / ANBETUNG / der Arm-
molch küsst Arietis Liebe ists verschwenderische
Irrheit aus dem Pulsschlag der Lust feuernackt /

FANGSCHRECKENKREBSTRAUM / BETÖ-
RUNG / mit *Sirius* lachen sich an die Avignoneser
Nächte erinnern

•

Tausendfüsslertanz der Sterne HERZTRAUM ei-
nes schwarzen Lochs mundaufgerissen die unge-
hörten Schreie der Nacht *Verfinsterungen* atemsto-
ckend wortblind geworden / komm zu mir wir se-
hen *hinter* die Dinge führen Wahnvorstellungen ru-
hig ganz ruhig sanft in klares ungetrübtes Licht

•

Adorabel die Schwarze Johannisbeere Le Rocher
Sanadoire in der Auvergne / die Hauptsache ist in
der Nebensache zu finden denkt der Taumelkäfer /
Carson McCullers *Ballade vom traurigen Café* le-
sen / Stadtsilhouetten nicht beachten / wie schön du
bist ELFENBLAUVOGEL *wunderüberwunderdu*

•

Auf dem Weg zu *Arietis* fand ich meinen Freund
Sirius berührten mich *Hummelwelsaugen* nun bin
ich verändert verneige mich vor der Schöpfung /
bete an

•

Wie Staubfäden Klangstäbe Goldschlangen die
Milchstrassen / Neuroparalyse der Angst die
schwarzen Löcher Dunkelnebel Einsturztrichter
sagt er Astronom sagt der Mysteriumforscher sagt
der Laufkäferforscher als ob damit etwas gesagt sei
/ es ist immer dasselbe das ganz Andere *gleichzei-
tig verschieden* im Einen ist zu bedenken doch wie
alles auch sei Konfusionen Kataplexien Paroxys-
men BESTÜRZUNGEN Demenz allerorten faute
de mieux Verwechslungen von Sein und Nichts / es
gibt nur zu sagen *zu lieben*

●

Das schlafgestörte Getaumel durch die Nächte
ohne Ende homöopolar aus sich selbst Gegensätze
im Einen aufspannen wie Saiten wie Gespinste in
einem unentdeckten Land von Fuss zu Fuss Licht-
bögen erleben / vernimm den Anruf des Univer-
sums in deinem Herzen trink trink Nektar Baum-
weissling Himbeerglasflügler SINGE DICH in der
Lust der Anbetung *glaube an nichts* lebe in den
Träumen des Gefleckten Aronstabs der Zwergdra-
chenflosser in den chromatischen Aberrationen in
den Lichtgeschwindigkeiten liebe die Wirklich-
keitsvorstellungen in den Täuschungen küsse das
Naheliegende die Entfernungen in dir achte auf die
Schritte der Spinne *entschwere dich in der Sonne*
TANZE ÜBER DEN SCHMERZ

●

Über die Welt zu sprechen sind Ansichten Über-
sichten Durchsichten / Zusammenhänge SEHEN

sie interpretieren von diaphanen Standpunkten aus
/ meerüberfahrend nichts festhalten / ich verneige
mich vor Arietis betrachte die Wolken als weisse
Moosrosen Blaumeisen / *in den Augen geschieht
alles*

●

Die Milchstrasse ein Reptil *fröstelnde Erkenntnis*
Sinusschwingungen der Täuschungen wir messen
Unwägbarkeiten / dein Atem brennt / filigrane Äh-
rentausendblattfinger tanzen über den Körper ein
alter Moschusbaum singt ein Liebesduett mit *Ca-
pella* Wind mäandert über unbekanntes Land / En-
zephalitis bedroht die Zeit / Wissen zerfällt / doch
sieh ein Frühlingsblümchen regt sich sanft unbeirr-
bar ins Sonnenlicht hinauf / ICH DANKE DIR

●

Ich tauche in ein *Mandala* in den Kern des Univer-
sums des Selbst in Schattenblumenblüten in rispi-
gen Trauben singe das Steinfruchtinnere SCHÖN-
HEIT atemwarm FALLWINDE auf der Zunge /
Sternbilder in Rosetten tanzend wie Ruderfuss-
krebse in der Täuschung zitternd SEGELQUAL-
LEN deine Brüste in Noten umgesetzt das Nackte
wolkenweiss seeanemonenrot verliebt küssen mit
dem Koboldkärpflingauge der *Fadenwelsliebe* die
Welt betrachten Begrifflichkeiten lustvoll trans-
zendieren im erwachenden Geist in deinen Körper-
buchten Zauberelixiere trinken Ballast abwerfen
LEICHT WERDEN

•

Schritt um Schritt zu verinnerlichen geradeaus
kreuzundquer nichts auslassen sich verirren ist
auch ein Weg zielstrebig IN DIE MITTE DER
WELT / irgendwo weint ein Kind das Schicksal
reibt sich entsetzt die Augen es ist alles schlimmer
als erwartet VERDUNKELUNGEN ausweglos *zu
gehen* / Vogel ich fliege mit dir auf

•

Ich schreibe male komponiere forme dich auf den
Notenlinien der Milchstrassen im Lied eines Indi-
gofischs triolenirr rosettenkehlig in den Farben des
Expressionismus hasche nach dir im verworrenen
Pappelgeäst betrachte die Welt mit Glaswelsaugen
entwerfe eine Philosophie der Lust / im Unbewuss-
ten bewohnbar / messe Gott tolerant eine partielle
Insuffizienz zu / Freiheiten des Versagens abstrus
kannenweise Verschüttungen den Kopf aus der
Schlinge ziehen ist sehr menschlich aber wenig
göttlich manisch-depressiv umherwandeln in der
Ruinenstätte Mykenä Palastgräber unter Vogel-
schatten / heftig den Kopf schütteln und sagen *alles
ist gut* als ob das aufginge

•

Sonnen lassen sich wie Plankton auf der Zunge nie-
der die Sprache der Zirpkröten verstehen in der
Musik des Nebelhaufens *Ursa maior* tanzen / Mes-

sen aus dem siebzehnten und achtzehnten Jahrhundert hören / auf der Klaviatur des Windes Leichtigkeit einüben / Marc Chagall lieben / Geist in die Leere sinken sehen / visualisierte *Leidenschaft* in den kreisrunden Blättern des Wassernabelkrauts *singen*

●

Die Zeit vor den Augen dein Wangengrübchen UNAUSSPRECHLICHES / Weltenzusammenhänge gross *weit* singend in dir muschelgerippt in den Wellen der Äonen interstellar in deinem Blut Amphetamine in den Träumen LOBGESÄNGE der Lust in der gewimperten Flügelfrucht der Flatter-Ulme mit *Su Tung-p`o* pokulieren / so schön dein Hals / bei Kerzenschein Wein Pfeife sich romantisch lieben / nichts kehrt wieder

●

Bei dir sein mit dir sein in dir sein zauberische Getränke in amphorenrunden Weingläsern / aufblitzend feurige Klarheit FURIOSO im Orgasmus jahrmilliardenumschlungen in den Sekunden / im Eselschatten sich zeitlos wohlfühlen *Welt anbeten* LUFTWURZELN / zu versinken in den Geheimnissen *tanzen* den zärtlichen Wahnsinn lieben

●

Die Melodie eines Cellos ädert eine einsame Blume
dunkelrot / in dieser Ortlosigkeit bin ich zuhause
ICH LIEBE DAS LEBEN IN DEN HYMNEN
DER LUST Wunder über Wunder allerorten man
muss nur *sehen* umarmen wir uns *Geschöpfe* sonst
sind wir überflüssig sinnlos / Entfernungen sind re-
lativ es sind Dimensionen der Nähe / ein neuer Tag
beginnt das ist Schöpfungsgeschichte

●

Wie Wind im Geäst raspelnd *absichtslos sein* SIN-
GEN sich selbst vergessen / Blume werden Fisch
Sonne Laufkäfer / die Farben eines Streichquartetts
wie Flechten auf den Steinen sehen im Lichtund-
schattenmäandermuster tanzen / in den Verloren-
heiten der schwebenden Erinnerungen jasminrot
trugabbildend lachen / Schmerzen wie Wolken
wegblasen / anstatt in einem alten mönchischen
Stundenbuch lesen unreflektiert Tranquilizer neh-
men SCHEINDOLDEN barfuss im Universum
umherspazieren ziellos befreit Wein trinken / nach
Nichtwissen haschen Fülle Leere Sein Nichts in der
Vergänglichkeit einer Rose lieben *erkennen* /
DEIN SEIN

●

Sich aufrappeln Avantgardist nach den Zerschun-
denheiten werden / immer länger als nötig aushäu-
sig bleiben / einäugig vieläugig *sehen* LES
FLEURS DU MAL lesen Liebeslustalchemie des
Schmerzes Besessenheit der Schönheit morbid

hässlich trunken AUFFLAMMUNGEN nackt in
den Verlorenheiten

●

Mit dem Tastgefühl sinnestrunken Welten Körper
erleben erkunden erkennen haltlos STERNE SPÜ-
REN in der Hand auf der Zunge perlend den zitro-
nengelben Postillon lieben sich vor seiner virtuosen
Leichtigkeit verneigen *appassionato* im Aquama-
rin des Himmels *Sirius* küssen im Rhizom Lust fin-
den Gott anbeten WASSERSILBRIGE SCHÖN-
HEIT gleissend der Weg zu *Arietis* / Durchsichtig-
keit der Wellen OZEANISCH / jedes Wort ein In-
selglück auf den Schultern

●

Der Geist ein Instinkt der Hoffart eine Honig-
ameise der Täuschung ein Gekrabbel der Hoff-
nungslosigkeit ein Hexenbesen ein schwarzer See
kalkig induziertes Irresein insensibel / doch ich
rede lieber von Lust Erfüllung Gänseblümchen-
glück KUSSINKUSS mit der Sinnlichkeit verbun-
den mit der schönheitsekstatischen Schöpfung

●

Im Hummerschlummer rollt der Indische Ozean in
meterhohen Wellen denkt der Buddha in Ahma-

dabad / ferne Welten grüssen einander UMAR-
MUNGSUMSCHLUNGEN / es gilt *offen* zu sein
für alles der Sumpfdotterblume ein Lied vorsingen
im Medusenstern aufglitzern in Johann Christian
Bachs *Sinfonie Es-Dur op. 9 Nr. 2* von Erfüllung
träumen / aufatmen FRIEDEN FINDEN

●

Schweigen einüben sehen lernen im fallenden Laub
in den Tautropfen wach werden im Rosenfinkflug
im Regensdorfer Dom das *Te Deum* von Francisco
António de Almeida hören mit Zitterrochen felsige
Inselzerklüftungen umschwimmen wenn Kometen
sich Sonnen nähern / die Seinsphilosophie ist wun-
derbar *konkret*

●

Lyrik als Äquator betrachten artistophanische Arti-
schocken schmecken Flugbahnen ins Nichts be-
rechnen übers Haltlose Bodenlose Uferlose fliegen
mit Bohumil Hrabal Wein trinken einen texturier-
ten Schal um den Hals binden / wir wollen uns an-
beten in dieser surrealen Landschaft auf dem bren-
nenden Strom der Liebe im flüchtigen Erkennen
des Winds *sich erleuchtet fühlen* in Geistwirklich-
keiten im Blumenduft sich küssen Schweigen
instrumentieren damit die Welt nicht vergeht

●

Kosmobiologie als Zaubermärchen nehmen die Beeinflussungen der Sterne auf die Menschen als das sehen was sie sind *Tanzschritte der Illusion* / Sartres Hauptwerk *Der Idiot der Familie* mühsam wie Sisyphus berggipfelwärts schleppen und wenn es niederdonnert lachen nicht wie Sisyphus stöhnen schliesslich bin ich kein Sisyphus ich bin frei alles umzudeuten umzuwerten umzufärben in neuen Zusammenhängen ohne gleich einen Mythos zu erfinden nehmen wir uns nicht wichtig *alles* war da vor uns und wird da sein nach uns *panta rhei* oder so ähnlich oder gar nicht so ähnlich macht nichts *Heraklit* ich lade dich ein mit mir bei mir Wein zu trinken ernst in die Luft zu schauen und zu lachen

●

Im hochprozentigen Mirabellengeist Welten entdecken unterwegs bleiben in Fischzügen über Unüberbrückbarkeiten hinwegsehen dunkle Vorboten ignorieren / im Zeisiglied singen / Kraut und Rüben trinken als Aperitif Frühlingsregen Gespinstmotten hotten Zikaden tanzen in Ruinen Sirtaki es ist ein Lebensfest der Natur des kreatürlichen Seins / Geist soll hinter Nachtvorhängen in der Studierstube bleiben / draussen in der Seele innen im Atem sprüht lichtglitzernd freie Liebe

●

Wie klein sind grosse Menschenworte wenn der Braune Bachsalamander spricht der Rotfusswald-

kauz redet der Stern *Indi* von seiner Liebe zur Pur-
purroten Taubnessel singt / *Absolutes* ist für unsere
Vergänglichkeit zu hoch philosophiert der Baum-
steigerfrosch *lippig* / wir alle haben genügend zu
tun mit der Paralyse der Jahrmillionen in der Au-
genblickslust / beschweren wir uns nicht mit Über-
flüssigem ziehen wir mit dem Wind von Stein zu
Stein UNIVERSUMSWELLEN lachend / küssen
wir uns im Gesang der Mikroben / BETEN WIR
UNS AN

•

Deine Reize sind wie Erdbeerwein HARFEN-
KLANG UND FLÖTENSPIEL handförmig ge-
lappt auf dem Körper quirlig tänzerisch wie ellipti-
sche Galaxien amphorenbauchig glühend in einem
bläulichen Weiss oder dumpfen Orange antiker
Lampen milliardenlichtjahrlange Vergänglichkeit
nickt die Rose *Odonata* im Abendwind und *weint*

•

Die Hummelblume samtig behaart grosslippig
tanzt lustselig in der Hand eines Engels motivisch
mit der Schönheit verbunden ein RONDO *buntge-
fiederte Flügelsonne* admirabel ADONISFALTER
komm wir wollen uns lieben im Schatten der Täu-
schung im filigranen Gewebe des Winds wir wol-
len uns lange umarmen küssen lachen handinhand
einschlafen *wach* werden im Traum

•

Du kannst dich dem grossen Strom überlassen er mündet nach wenigen Lichtjahren *in dir* ist ja bloss ein Fingerbreit zwischen zwei Atemzügen / das Vergissmeinnicht blüht verwundert in dieser weiten Welt der Storch blickt aus seinem Nest auf der Kirchturmspitze zu Arietis hinauf ich bin mit Sirius auf dem Weg zu ihm was für eine Kurzweil in diesem astronomischen Dickicht wo die Zeiten *Eile mit Weile* spielen glitzernde Milchstrassen *Hasch mich* / es ist ein kunterbuntes Leben sobald man IM AUGENBLICK LIEBT

•

Rufe Gegenrufe echohallend SYNAPSEN Nervenimpulse hinundherjapsend im Gehirn im Traum verloren in der Rufweite des Herzens schmerzgezeichnet in der Erinnerung des Schlafmohns *Opioide der Nacht* des Schlafs / mit dir den Stern der Heilung suchen kernhäusig verwurzelt im Universum in Kalmarenarmen versteckt in den Klippen der Ozeane nacktzunackt untergetaucht bleiben verwundert bei Algen in Sternhaufen / *wie ich da staune!*

•

Blumentanz im Lichtrausch wenn Moosbeeren tiefgelbe Sterne küssen der Wind seine Richtung verloren hat die Stille ins Vergessen rinnt das Weinglas in klarer Einsicht dein Auge spiegelt / DA ist vogelleichtes Angekommensein bei sich / bei dir // IN DEN LETZTEN FLAMMEN

•

Gleiches und Ungleiches aus mir selbst hervorbrin-
gen auffächern verzaubern / das Verschiedene als
Einssein in mir einrollen einbinden // der Spinnen-
fisch wandert singend durchs Weltall ihn beküm-
mert nichts / eine Wahnsinnsarie steigt die Jakobs-
leiter hinauf und hinunter was oben was unten ist
bleibt unbekannt sinniert der Mensch nicht weiser
als ein Floh der auf und nieder springt

•

Zugvogelgedanken in der Herzenslandschaft koro-
nararteriell halsrippig im Sturm überm See wellen-
förmig Kassandra Salamander Teufelsbeschwö-
rung prächtig eigenmächtig sich die Freiheit neh-
men sich selbst zu sein sensibel leiblich musikan-
tisch WINDWIMPER ausgelassen sein gipfelnd in
Höhepunkten der Lust einander überschwemmen
frische Luft einatmen das blinde Schicksal über
Bord werfen die Augen öffnen hellauf lachen in
den Staubschichten des Lebens / der Abendstern
nistet in deinen Haaren die Blaue Atlaszeder lacht
den Himmel an GLÜCK GESCHIEHT wir wollen
zusammen wach bleiben bis sich der Traum von
Liebe in unsre Herzen senkt wie ein Basshorn
aschig astral OSMOSE DES SEINS ineinander-
krebsend moosbeerig sich ins Kerngehäuse zurück-
ziehen im Einssein im Wetterleuchten / mit dir wird
alles grenzenlos *umschlungen* lächelt Wirklichkeit
/ die unendlich vielen Schwerpunkte zählen in der
Seligkeit der Honigbienen Prozessionsspinner
Mausflohkäfer / dich anschauen und *danke* sagen
dass du so bist wie du bist

III

Deine Fingerspitzen
wie weisse Mistelbeeren
oder
Jahrmillionen im Tanz der Meerechse

Wahrnehmungen

«Auf dem Seerosenblatt der Frosch
aber was macht er
für ein Gesicht?»

Kobayashi Issa

Deine Fingerspitzen wie weisse Mistelbeeren
Zwergseeschwalben Spiralnebel / LEBEN
HEISST WAHRNEHMUNG

Die Dunkle Erdhummel mit ihren gelben Querbin-
den wie Ordensbänder sitzt auf einer Lavendelblüte
und sagt der Sonne *guten Tag*

Den grossen ambivalenten Kräften vertrauen

Epikurs Freundschaft suchen

Die Kopfbronze aus Benin Nigeria *sehen*

Herbert Rosendorfers Romantitel *Der Ruinenbau-
meister* ist ein Ass

Das sich in die Schöpfung ausstreckende Ich und
die Dominanten der Vergänglichkeit

Der Nachtwind mit seinen Gedanken steigt zum
Vollmond hinauf und küsst seine runden Lippen

Erkenntnisstufen sind Sinnlichkeiten Imaginatio-
nen Duft von Damaszenerrosen

Der Zitronenfalter eine Sonne / wir fassen uns bei den Händen / in aufziehenden Schatten küssen wir uns

Die Riffmuräne pocht an die Himmelstür / es ist Zeit der Lust der Vollendung

Mit Anaximandros philosophieren bei Retsina

Vergänglichkeit der roten Prachttulpe in deinen Augen Schöpfung des Universums / wir sehen uns an versinken ineinander

Körperumkörperumschlungen Anfangundende / auf dem Tisch steht Wein / die Spinne zittert hab keine Angst wunderschönes Geschöpfchen ich liebe dich

Der Pfauenfederwurm ein Mandala / Pfeife rauchen und denken dass alles *nichts* ist

Diese SCHÖNHEIT! / sprachlos geworden umarmen wir uns

Werden und Vergehen ist der Duft der Chrysantheme in der Achselhöhle eines geliebten Menschen / GESANG

Die Sonne zieht weiter auf ihrer Bahn / den Schatten interessiert das nicht er bleibt unverändert

Die Anamnesis verlief sich in den Lockenhaaren
eines Mädchens / mich verwundert das nicht

In den Transformationen der Täuschung geschieht
ziemlich viel / ein Stück *Evolution*

Geschöpfe hier Geschöpfe dort / so schön ist die
Maja

Inwiefern unterscheidet sich ein Kieselstein vom
Himalaja? / ich enthalte mich da einer Beurteilung

Es herrschte absolute Windstille / doch das Ahorn-
blatt schaukelte aus Lebensfreude hin und her

Leicht wie ein Vögelchen die verunsicherte Hand
des Freundes auf meiner Schulter in der scheuen
Umarmung

Ich bewundere die Vielsprachigkeit der Kuckucks-
lichtnelke / am liebsten spreche ich mit ihr in der
Sprache des herzvereinten Schweigens

Wir besitzen nicht mal unser Selbst / wie könnte
man sonst etwas besitzen? (frei nach Laotse)

Auf den Lippen Flammen wie Antworten von Hiob
/ Figurationen des Leidens

Ich glaube es war irgendein schrulliger Vorsokratiker der sich auf meine Schulter setzte / wie ich staunen musste!

Der Wald steht da wie eine alte Bibliothek

Sich ins 21. Jahrhundert zu verirren ist keine schlechte Sache dachte der Flugsaurier und flog weiter

Endlich sehen wir uns *Strelitzia Reginae* von Angesicht zu Angesicht

Giuseppe Tartinis *Sonate für Violine und Basso continuo Pastorale* über dem See

Mystik als ZUWENDUNG in die Welt des Sinnlichen / meditative Versenkung ins Göttliche der Schöpfung / Ichfindung in der Liebe

Der Untergang ist tänzerisch leicht / man lasse sich nicht täuschen

Das Anthropozentrische (den Menschen in den Weltmittelpunkt stellend) lehne ich vehement ab

GEIST wirkt auch in einer Schleiereule in der Weinbergstraubenhyazinthe im Doppelstern *Volantis*

Leben ist immer ein Vabanquespiel: mit höchstem
Einsatzrisiko alles geben / Gewinnen und Verlieren
sind identisch / so ists auch in der Liebe

Jahrmillionen im Tanz der Meerechse

Schillerbärbling Kreuzspinne Vogelwicke seid mir
willkommen

Deine Augen Kelchkorallen Seenelken untermeeri-
sche Höhlen / WIR SEHEN UNS

Der Vogelflug wie eine Violinsonate

Etwas postum zu veröffentlichen ist nicht möglich
/ der Künstler kann wie der Liebende nicht sterben

Je mehr FARBEN mein Buch bekommt umso bes-
ser / es lebe der Fauvismus!

Mit Matisse Pastis trinken / Mistral hinter der Stirn

Doppelgesichtigkeit *von allem*

Die Vielfalt ins Einfache führen / das Einfache in
die Vielfalt

In Beethovens Klavierkonzerten flammen Schönheit Sehnsucht auf / eine Göttersprache

Jeder Sprung über den eigenen Schatten endet wieder im eigenen Schatten / Schattenwesen die wir sind können nicht anders

Bei Schumanns «Kinderszenen» gespielt von Martha Argerich wird mir warm und leicht ums Herz

Manchmal bin ich tief in mir versunken – dort wo ALLES ist

Aphorismen und Koan sind sich geistig nahe / im Hinundherschaukeln des Winds / geheimnisvoll geistundsinnlichkeitumschlungen im flüchtigen Erkennen

Das Universum ist ein Haiku

Wind Wellen Liebe Lust Schlangenschleichen Galaxien lassen sich nicht in eine Agenda einfangen

Fragen und Antworten haben wenig mit dem Leben zu tun / das Sein des Maulwurfquerzahnmolchs des Regenvogels der Venusblume brauchen das beschränkte Denken des Menschen nicht / sie sind in *ihrer* Bestimmung vollkommen

Vielleicht ist der Mensch kennzeichnend Mensch
dadurch dass es ihm nicht genügt Mensch zu sein
woraus sich alles Unheil entwickelt / Gott sein zu
wollen ist gefährlich

Für jene Menschen die sich nicht in vorgegebenen
Prägungen fesseln lassen ist das Leben voll toll

Apokryphe faunische Denkfragmente

«Ein fahlblauer Dornstrauch – es ist ein Kirchturm
im Mondlicht» (Max Jacob)

Das Lächeln wartet ruhig ab was geschieht – es
weiss

Das Geheimnis das der Ibis dem Pharao zuflüsterte
verrate auch ich nicht

Das Leben ein Feuerstrom im Traum vom Nichts
ins Nichts

Schwarztintig grauaquarelliert die Tuschzeichnun-
gen und Kalligrafien von Sengai / eine transzendie-
rende Lebenssicht / fest in der Flüchtigkeit / in der
Verneinung *liebend*

Leben Liebe ist Leidenschaft kein Zuckerwasser /
ich habe längst und für immer gewählt

In sich aus sich heraus zu dir hin in dich

•

Aus einem Brief an L.:

Für mich sind Liebesgedichte, Assoziationen, Wahrnehmungen in ihren Schönheiten AB-SICHTSLOS; ich gestalte sie in FREIER LUST zu leben; ein Quartett von Mozart, das Auge der Zwergzauneidechse, die Blütendolden des Wiesenkerbels, das *Sternbild Chamäleon* sind zutiefst fragloses Sein in sich, wollen nichts bezwecken, sie sind einfach in sich, durch sich – das genügt!

Ich bin versucht zu sagen, der Mensch ist in sich und durch sich Mensch und braucht keinen Gott. Der Atheismus ist vielleicht ein *fantasieloser* Grössenwahn – an Gott zu glauben kann aber auch ein *fantasievoller* Grössenwahn sein; da zu richten finde ich gefährlich.

Du bist fest verankert in Deinen Sicherheiten, ich bin, um es paradoxal zu sagen, fest verankert in den Unsicherheiten, beides ist gültig!

Ich bin mir bewusst, dass ganz andere Interpretationen anders sehen und gewichten können. Nur sind mir diese fern …

Wir wissen nichts! Wer meint zu wissen, ist sehr unwissend.

Wer hat den Menschen erschaffen? Von wo kommt er? Und wohin zielt er final?

Es gibt gängige, bekannte Antworten in der Philosophie, in den Religionen, doch das ist Schaum. Nichts für mich.

Ich respektiere, dass für Dich das anders aussieht, ist doch gut. Du setzt Dein ganzes Leben für Deine Ansichten ein – ich meines für meine Ansichten. Meine «Ansichten» sind niemals festgriffig, einfürallemal, sondern dynamisch sich stets verwandelnd.

So gesehen setze ich mein Leben für <u>nichts</u> ein, ich halte mich an nichts fest, es ist gleichzeitig immer auch anders.

Du kennst diesen Refrain von mir.

Mein Werk ist <u>absichtslos</u> durch und durch.

Ich gestalte systemfrei BILDER von Leben. C'est tout. Eine Schreib**absicht** zu haben bedeutete für mich den künstlerischen Tod (denn sie könnte nicht anders als einseitig sein, und Einseitigkeit hasse ich).

●

Elizabeth Goudge, «*Das Mädchen vom Meer*», den grossen historischen Liebesroman um Karl II. von England (1630 bis 1685) aus dem Hause Stuart und Lucy Walter, das Mädchen vom Meer, wiederlesen!

●

Juan Ramón Jiménez / Marina Zwetajewa / Silberfäden im Gegenlicht

63

Koalas im Baum der Menschheit

In deinem Traum in den ich eintreten durfte trägst
du die Milchstrasse als Halskette

Warum sollte es mich verwundern wenn Bäume
Elegien schreiben und Fische Sinfonien komponie-
ren?

Der Prachthaubenadler setzt sich auf die Spitze ei-
nes Grashalms

Noch torkelt die Erde weiter obwohl die Stunden
gezählt sind

Der Schriftsteller glaubt berechtigt zu sein *zu*
schreiben nur weil er das Alphabet kennt

Lippen wie ein Violinbogen / hörst du die Ewigkeit
singen?

Johann Nepomuk Hummel *Larghetto* aus dem Kla-
vierkonzert h-moll op. 89

Die Zeit eine glockige blassrote Zwergmispelblüte

Auch wenn ich weit weit fortgehe bin ich immer
bei dir

Paul Gisi, 1949 in Basel geboren, Schulen in Basel, Primarlehrerpatent in Zug, einige Jahre Schulpraxis, mehrere Aufenthalte in Südfrankreich.

Kurzzeitig verschiedene Berufe (Psychiatriehilfspfleger, Schallplattenspediteur, Verlagsvertreter), viele Jahre lang Korrektor bei Zeitungen und Verlagen in St. Gallen und Herisau.

Paul Gisi publizierte ein umfangreiches Werk (Gedichte, Kurzprosa, Sätze, Assoziationen, Briefe), erhielt wenige Preise, lebt in Rorschach.

●

Paul Gisi Erkennen im Wind
Liebesgedichte und Assoziationen

Wie Rochen die Wörter
in der Nacht
   im Ozean in uns –

IN DEN HÖHLEN DES WELTALLS
DUNKELT ANGST

die Moosbeere träumt von Gott

♫

Sich auffächern kosmosseits im bauchigen Kelch
der Weissen Nachtnelke im Dunkeln blühend duf-
tend / der Mond ein Hummelwelsauge / Träume als
Leitmotiv des Lebens nehmen Spiralgalaxien ba-
lancieren und wenn du kommst lachen umarmen
nackt sein mit dir Rauchschwalben auf dem Flug in
die Ferne zuwinken / eine chimärische Wolke fin-
gerbeerige Mondkrater eine Sumpfohreule findest
du in dir / im Weinglas wie eine Amphore funkelt
Geist tanzt Liebe

•

Erschienen bei *Books on Demand* 2025

•

Edition Lucrezia Borgia

Eine Gesamtbibliografie 1969 – 2025 von **Paul Gisi** ist durch *Edition Lucrecia Borgia* erhältlich.

Siehe   zackenbarsch.ch /
zackenbarsch.gisi@gmail.com

●

71

Zuletzt erschienen von Paul Gisi bei *BoD – Books on Demand*, Norderstedt, Deutschland:

2024

«Irr traumwirr das Leben». Liebesgedichte
«Topografie der Liebe». Lyrische Handschrift
    Liebesgedichte, Prosaminiaturen, Sätze
«Saturns Ringe an deinen Fingern».
    Der Mysteriumforscher
    würde gesagt haben können
    Liebesprosaminiaturen

2025

«Flammenfigurationen».
    Liebesgedichte und Assoziationen
«Erkennen im Wind».
    Liebesgedichte und Assoziationen
«Arietis».
    Hummelwelsaugen im Ozean der Nacht
    Liebesgedichte / Assoziationen /
    Wahrnehmungen